主编 刘月华 储诚志

wǒ jiā de dàyàn fēizǒu le
我家的大雁飞走了
Our Geese Have Gone

原创 赵绍玲
Yuehua Liu and Chengzhi Chu
with Shaoling Zhao

图书在版编目(CIP)数据

我家的大雁飞走了/刘月华,储诚志主编.—北京:北京大学出版社,2009.1
(《汉语风》中文分级系列读物.第2级:500词级)
ISBN 978-7-301-14590-6

Ⅰ.我… Ⅱ.①刘… ②储… Ⅲ.汉语-对外汉语教学-语言读物 Ⅳ.H195.4

中国版本图书馆CIP数据核字(2008)第179241号

| 书　　　　名：我家的大雁飞走了
| 著作责任者：刘月华　储诚志　主编
| 赵绍玲　原创
| 王萍丽　练习编写
| 责 任 编 辑：李　凌
| 插 图 绘 制：桑艳波
| 标 准 书 号：ISBN 978-7-301-14590-6/H·2153
| 出 版 发 行：北京大学出版社
| 地　　　　址：北京市海淀区成府路205号　100871
| 网　　　　址：http://www.pup.cn
| 电　　　　话：邮购部 62752015　发行部 62750672
| 编辑部 62754144　出版部 62754962
| 电 子 信 箱：zpup@pup.pku.edu.cn
| 印 　刷 　者：北京大学印刷厂
| 经 　销 　者：新华书店
| 850毫米×1168毫米　32开本　2.625印张　30千字
| 2009年1月第1版　2012年5月第3次印刷
| 定　　　　价：16.00元(含1张录音CD)

未经许可,不得以任何方式复制或抄袭本书之部分或全部内容。
版权所有,侵权必究　举报电话:010-62752024
　　　　　　　　　　电子邮箱:fd@pup.pku.edu.cn

刘月华

毕业于北京大学中文系。原为北京语言学院教授,1989年赴美,先后在卫斯理学院、麻省理工学院、哈佛大学教授中文。主要从事现代汉语语法,特别是对外汉语教学语法研究。近年编写了多部对外汉语教材。主要著作有《实用现代汉语语法》(合作)、《趋向补语通释》、《汉语语法论集》等,对外汉语教材有《中文听说读写》(主编)、《走进中国百姓生活——中高级汉语视听说教程》(合作)等。

储诚志

夏威夷大学博士,戴维斯加州大学东亚语文系中文部主任,校第二语言习得研究所执行理事,语言学系研究生(硕博士)导师组成员。主要专业兼职为全美中文教师学会常务理事和加州中文教师协会副会长。曾在斯坦福大学、北京语言学院等学校任教多年。研究领域为汉语语言学,认知语义学,汉语L2的教学和习得,语料库和计量语言学,以及电脑技术在汉语教学中的应用。发表中英文学术论文20余篇,专著《位移事件在中文里的认知和表达》即将出版;主持完成"汉语中介语语料库系统"和中文L2教材编写软件"中文助教(ChineseTA)"等多个中文L2研究项目。

赵绍玲

笔名向娅,中国记者协会会员,中国作家协会会员。主要作品有报告文学集《二十四人的性爱世界》、《国际航线上的中国空姐》、《国际航线上的奇闻秘事》等,电视艺术片《凝固的情感》、《希望之光》等。多部作品被改编成广播剧、电影、电视连续剧,获各类奖项多次。

Yuehua Liu

A graduate of the Chinese Department of Peking University, Yuehua Liu was Professor in Chinese at the Beijing Language and Culture University. In 1989, she continued her professional career in the United States and had taught Chinese at Wellesley College, MIT, and Harvard University for many years. Her research concentrated on modern Chinese grammar, especially grammar for teaching Chinese as a foreign language. Her major publications include *Practical Modern Chinese Grammar* (co-author), *Comprehensive Studies of Chinese Directional Complements*, and *Writings on Chinese Grammar* as well as the Chinese textbook series *Integrated Chinese* (chief editor) and the audio-video textbook set *Learning Advanced Colloquial Chinese from TV* (co-author).

Chengzhi Chu

Ph.D., University of Hawaii. Chu is Associate Professor and Coordinator of the Chinese Language Program at the University of California, Davis, where he also serves on the Executive Board of the Second Language Acquisition Institute and is a member of the Graduate Faculty Group of Linguistics. He is a board member of the Chinese Language Teachers Association (USA) and Vice President of the Chinese Language Teachers Association of California. He taught at Stanford University and Beijing Language and Culture University for many years. He has published more than 20 articles on topics in Chinese linguistics, Chinese pedagogy, and cognitive semantics, and has a forthcoming book on motion conceptualization and representation in Chinese. He was PI of two major software projects in Chinese pedagogy and acquisition: *Chinese TA* and the *Corpus of Chinese Interlanguage*.

Shaoling Zhao

With Xiangya as her pen name, Shaoling Zhao is an award-winning Chinese writer. She is a member of the All-China Writers Association and the All-China Journalists Association. She authored many influential reportages and television play and film scripts, including *Hostesses on International Airlines*, *Concretionary Affection*, and *The Silver Lining*.

前　言

　　学一种语言,只凭一套教科书,只靠课堂的时间,是远远不够的。因为记忆会不断地经受时间的冲刷,学过的会不断地遗忘。学外语的人,不是经常会因为记不住生词而苦恼吗?一个词学过了,很快就忘了,下次遇到了,只好查词典,这时你才知道已经学过。可是不久,你又遇到这个词,好像又是初次见面,你只好再查词典。查过之后,你会怨自己:脑子怎么这么差,这个词怎么老也记不住! 其实,并不是你的脑子差,而是学过的东西时间久了,在你的脑子中变成了沉睡的记忆,要想不忘,就需要经常唤醒它,激活它。《汉语风》分级读物,就是为此而编写的。

　　为了"激活记忆",学外语的人都有自己的一套办法。比如有的人做生词卡,有的人做生词本,经常翻看复习。还有肯下苦工夫的人,干脆背词典,从 A 部第一个词背到 Z 部最后一个词。这种精神也许可嘉,但是不仅痛苦,效果也不一定理想。《汉语风》分级读物,是专业作家专门为《汉语风》写作的,每一本读物不仅涵盖相应等级的全部词汇、语法现象,而且故事有趣,情节吸引人。它使你在享受阅读愉悦的同时,轻松地达到了温故知新的目的。如果你在学习汉语的过程中,经常以《汉语风》为伴,相信你不仅不会为忘记学过的词汇、语法而烦恼,还会逐渐培养出汉语语感,使汉语在你的头脑中牢牢生根。

　　《汉语风》的部分读物出版前曾在华盛顿大学(西雅图)、Vanderbilt 大学和戴维斯加州大学的六十多位学生中试用。感谢这三所大学的毕念平老师、刘宪民老师和魏苹老师的热心组织和学生们的积极参与。夏威夷大学的姚道中教授,戴维斯加州大学的李宇以及博士生 Ann Kelleher 和 Nicole Richardson 对部分读物的初稿提供了一些很好的编辑意见,李宇和杨波帮助建立《汉语风》网站,在此一并表示感谢。

Foreword

When it comes to learning a foreign language, relying on a set of textbooks or time spent in the classroom is never nearly enough. That is because memory gets eroded by time; one keeps forgetting what one has learned. Haven't we all been frustrated by our inability to remember new vocabulary? One learns a word and quickly forgets it, so next time when one comes across it one has to look it up in a dictionary. Only then does one realize that one used to know it, and so one keeps having to look it up in a dictionary, and one starts to blame oneself, "why am I so forgetful?" when in fact, it's not your shaky memory that's at fault, but the fact that unless you review constantly, what you've learned quickly becomes dormant. The *Chinese Breeze* graded series is designed specially to help you remember what you've learned.

Everyone learning a second language has his or her way of jogging his or her memory. For example, some people make index cards or vocabulary notebooks so as to thumb through them frequently. Some simply try to go through dictionaries and try to memorize all the vocabulary items from A to Z. The spirit may be laudable, but it is a painful process, but the results are far from being sure. *Chinese Breeze* is a series of graded readers purposely written by professional authors. Each reader not only incorporates all the vocabulary and grammar specific to the grade but also an interesting and absorbing plot. It enables you to refresh and reinforce your knowledge while at the same time having a pleasurable time with the story. If you make *Chinese Breeze* a constant companion in your studies of Chinese, you won't have to worry about forgetting your vocabulary and grammar. You will also develop your feel for the language and make Chinese firmly rooted in your mind.

Thanks are due to Nyan-ping Bi, Xianmin Liu, and Ping Wei for arranging more than sixty students to field-test several of the readers in the *Chinese Breeze* series. Professor Tao-chung Yao at the University of Hawaii, Ms. Yu Li and Ph.D. students Ann Kelleher and Nicole Richardson of UC Davis provided very good editorial suggestions. Yu Li and Bo Yang helped build the *Chinese Breeze (Hanyu Feng)* websites. We thank our colleagues, students, and friends for their support and assistance.

目　录
Contents

1. 二十五年前,出过一件事……
   25 years ago, such a scene took place...
   1

2. 最会打雁的人和最好的头雁
   The best goose hunter and the best leading goose
   5

3. 两个死对头 Two bitter enemies
   10

4. 爷爷想出了一个很"黑"的办法
   Grandpa figured out an insidious way
   14

5. "好雁！好雁啊！" "What a lovely goose!"
   18

6. 这是国家二级保护动物
   They are under state's second-class protection
   21

7. 大雁的爱 The goose's love
   26

8. 两只远近有名的大雁 Becomes well-known
   30

9. 小白小黄在哪里？ Where are Xiao Bai and Xiao Huang?
   35

10. 头雁又飞起来了 The head goose flies again
    41

11. 再见吧,大雁,我爱你们! Farewell, my geese, I love you!
   45

生词索引 Vocabulary index
   49

练习 Exercises
   51

练习答案 Answer keys to the exercises
   59

主要人物
Main Characters

我 wǒ
I, a boy living in a village in western China

爷爷 yéye
grandfather

小白 Xiǎo Bái
Xiao Bai (white), a wild male goose

小黄 Xiǎo Huáng
Xiao Huang (yellow), a wild female goose

狗狗 Gǒugou
nickname of a boy

文中所有专有名词下面有下画线，比如：小白
(All the proper nouns in the text are underlined, such as in 小白)

1. 二十五年前，出过一件事[1]……

你一定看见过大雁[2]，但是不一定知道大雁[2]的生活多有意思；你一定知道大雁[2]非常漂亮，但是不一定知道大雁[2]有多懂得[3]爱。

我小的时候也不知道。有一年，出了一件事[1]……

那是二十五年前的事。那一年，我十二岁。

那时候，我家在中国的西边，是一个很小的村子[4]。村子[4]里的人都住在旧房子里，家家都没有多少钱[5]。

那时候，看见大雁[2]从天上飞过，爷爷就告诉过我，大雁[2]能飞很远很远，大雁[2]不喜欢天气太冷，所以，到了每年的十月，北边的天气先冷了，

1. 出事 chū shì: have an accident
2. 雁 yàn: wild goose
3. 懂得 dǒngde: understand
4. 村子 cūnzi: village
5. 家家都没有多少钱 jiājiā dōu méiyǒu duōshao qián: all the families did not have much money (all were poor)

大大小小的雁² 就跟着头雁⁶，一个接着一个，飞着好看的"一"字队⁷、"人"字队⁸，从北边来了，这些大雁²要飞到暖和的地方去过冬天。

每一队里的头雁⁶，都是这一队里长得最大、最漂亮，飞得最快的公雁⁹，在有麻烦¹⁰的时候头雁⁶最不会出错¹¹。大雁²飞过我们村北的大

6. 头雁 tóuyàn: lead goose
7. "一"字队 "yī" zì duì: in a formation of "一"(a line)
8. "人"字队 "rén" zì duì: in a formation of "人" (V)
9. 公雁 gōngyàn: male goose
10. 有麻烦 yǒu máfan: be in trouble
11. 出错 chū cuò: make mistakes

山，已经很累了，就喜欢在村西的湿地[12]里休息几天，再接着往前飞。湿地[12]的风景像画儿那么好看，大雁[2]很喜欢这里。大雁[2]常常一下子会来很多，在湿地[12]里喝水，找东西吃。吃得高兴了，就用水洗漂亮的羽毛[13]，还在一起唱歌啊，跳舞啊，很像比赛，可有意思了！

　　那时候，村子[4]里的人还不知道大雁[2]是应该保护[14]的动物[15]，只知道大雁[2]能卖钱。所以，每年看见大雁[2]从北边飞来了，大家都很高兴，等大雁[2]在湿地[12]里吃够了，玩够了，开始睡觉的时候，打雁[2]的人就拿着枪[16]来了。

　　大雁[2]睡觉的时候很有意思，喜欢把头放到翅膀[17]下，可能头在翅膀[17]下就不冷了。但是，头在翅膀[17]下，大雁[2]就很难看见打雁[2]的人，也很难听见打雁[2]人的声音。所以，每

12. 湿地 shīdì: wetland
13. 羽毛 yǔmáo: feather
14. 保护 bǎohù: protect, safeguard
15. 动物 dòngwù: animal
16. 枪 qiāng: gun
17. 翅膀 chìbǎng: wing

天晚上睡觉的时候，都有一只大雁[2]不睡，它站在很高的地方，看看这里，看看那里，要是看见有人来了，特别是来的人拿着像枪[16]一样的长东西，它就大叫起来，睡觉的大雁[2]也马上跟着大叫，大雁就都马上飞起来了。

大家把这只不睡觉的雁[2]叫"哨雁[18]"。

我十二岁那年，跟着爷爷打雁[2]，那次出了一件村子[4]里的人都想不到的事[1]。

> Want to check your understanding of this part?
> Go to the questions on page 51.

---

18. 哨雁 shàoyàn: sentry goose

2. 最会打雁的人和最好的头雁

那时候，我爷爷是远近有名[19]的打雁人，他有一支[20]老枪。这支[20]枪已经跟了他四十年了。

我爷爷打雁，和有的打雁人不一样。有的人，远远地看见大雁，就很快地往前跑，还把枪拿得很高，没等他们跑近，更没等他们开枪，哨雁早已经看见他们，看见枪了。

19. 远近有名 yuǎnjìn yǒu míng: be well-known near and far
20. 支 zhī: classifier for slender objects

所以，有的人打不到雁[2]，有的人打到的雁[2]比较少。

我爷爷不这样，我爷爷看见大雁[2]一点都不紧张，他先拿一个大包把枪[16]包起来，哨雁[18]不知道大包里有枪[16]。爷爷的眼睛看着别的地方，就好像没有看着大雁[2]，他很慢地走，往前走，再很慢地拿枪[16]……

我爷爷每次打雁[2]，只放[21]一枪[16]。

我爷爷的枪[16]是村子[4]里最好的枪[16]，这支[20]枪[16]一次可以打一发[22]大子弹[23]，这发[22]大子弹[23]里有很多很多小子弹[23]，大子弹[23]从枪[16]里打出去，小子弹[23]也就飞出来了，能往前面和左右飞很远。所以，我爷爷一枪[16]就能打到七八只雁[2]，最多的一次打了十一只呢！爷爷的枪[16]打得好极了也快极了，常常是爷爷已经打出了子弹[23]，哨雁[18]才知道他是来打雁[2]的，刚打算叫大家快一点儿飞走，可是已经太晚了。

21. 放（一枪）fàng (yì qiāng): fire (one shot)
22. 发 fā: classifier for bullets
23. 子弹 zǐdàn: bullet

所以，每年一到了十月，天气开始冷了，大雁²从北边过来的时候，我爷爷一天就能打到不少雁²。

我爷爷打了雁²，就坐上公共汽车，把打死的雁²拿到很远的城市里卖。对我们这个家家都没有多少钱⁵，家家房子都很旧的小村子⁴来说，这些大雁²能卖不少钱。爷爷把卖雁²的钱放进银行，等到我和哥哥姐姐的学校跟学生家里要钱的时候，爷爷就让我和哥哥姐姐把这些钱给学校。一些学生家里打不到雁²，家里的钱就不够给学校……

有时候，爷爷卖完大雁[2]，看着手里的钱一高兴，会给我带回一点儿水果和别的吃的东西。虽然只有一点儿，但是这些很少能吃到的东西会让我这个村子[4]里的孩子高兴好长时间。有一次，爷爷还用两块五毛钱给我买了一个旧足球呢！我真想告诉爷爷，我更想要的是一个篮球。我知道，在我们家，爷爷最喜欢的人就是我，只要我说要，爷爷一定给我买，可是我没说。我从小就懂，我们家里人多，钱少，我和哥哥姐姐还要上学。

有时候，大雁[2]卖得特别好，爷爷一高兴，也会拿出一两块钱，给自己买点儿不贵的酒喝，爷爷一喝酒，脸就红红的。所以，每年冬天快要来的时候，村子[4]里的人只要看见爷爷带着他的枪[16]往村子[4]的西边走，就会半开玩笑[24]地说："好啊，明天又有钱买酒喝了！"

我八岁那年，爷爷就让我跟着他，去学习打雁[2]。我真是高兴极了，真希望有一天能有一支[20]自己的枪[16]。

---

24. 半开玩笑 bàn kāi wánxiào: half in jest (and half seriously)

可是，在我十二岁那年，出了一件事[1]。

那年，从北边来的雁[2]队里，有了一只新的头雁[6]。它又高大，又漂亮，脖子[25]很长，羽毛[13]非常干净，大雁[2]都很听它的话。爷爷第一次看见它，就对我说："孩子，看见那只头雁[6]了吗？它今年第一次做头雁[6]。那是只多好的大雁[2]啊，它的翅膀[17]那么大，飞得一定很快；它的脖子[25]那么长，眼睛也很好，一定可以看很远。它差不多是我看见过的最好的大雁[2]！"

不知道为什么，我觉得爷爷说这些话的时候，好像有点紧张……

> Want to check your understanding of this part?
> Go to the questions on page 51.

25. 脖子 bózi: neck

3. 两个死对头[26]

　　过了不长时间，我就知道我那打雁[2]远近有名[19]的爷爷为什么在看见这只头雁[6]以后有点儿紧张了。

　　这天晚上，十一点多，天黑极了，应该是大雁[2]睡觉的时候了。我和爷爷像以前一样，把枪[16]包在一个很旧的大包里，慢慢地往村子[4]西边的湿地[12]走。

　　前面，已经可以看见那些把头放在翅膀[17]下睡觉的大雁[2]了。大雁[2]真多啊，爷爷高兴起来，找到一个合适的地方，慢慢地去包里拿那支[20]黑黑的老枪[16]，我知道，过一会儿，那支[20]枪[16]就会"笑"起来。枪[16]一"笑"，很多大雁[2]就要死了。

　　可是，没想到，爷爷刚拿出枪[16]，那只头雁[6]就一下大叫起来！我这才知道，除了哨雁[18]，头雁[6]也没有睡

26. 死对头 sǐduìtou: bitter enemy

觉,它站在一个很高的地方,很容易看见爷爷做的事。

大雁²飞得太快了,一下就离我们很远了,爷爷没办法打到雁²。

"到明天,你看着吧……"爷爷对那只因为飞得高、离得远,所以看起来²⁷已经很小的头雁⁶说,然后很不高兴地带着我回了家。

四十年来,这是爷爷的老枪¹⁶第一次没有"笑"出来,爷爷第一次没有打到雁²。

27. 看起来 kàn qǐlái: seem, look like

第二天，爷爷换了个办法。

下午，爷爷把一个放行李的旧包搬出来，放在一辆自行车上，那支[20]前一天没有"笑"出来的老枪[16]就在那个旧包里。晚上，看看时间不早了，爷爷叫上我，一起慢慢走进湿地[12]。

头雁[6]还是没有睡觉，还是站在那个很高的地方，眼睛往东看看，往西看看，往南看看，往北看看……我想，它可能就是在等着我们。

爷爷不去看它，慢慢地站下，放好自行车，接着慢慢地坐下，然后慢慢地拿那个旧包……看见爷爷拿旧包，头雁[6]的眼睛好像更大了，翅膀[17]也像要飞一样。可是，爷爷拿出一瓶水慢慢喝起来，头雁[6]一看，放下了翅膀[17]，就在这时候，爷爷飞一样地拿出了枪[16]……还是晚了，头雁[6]没有给爷爷机会。就在爷爷刚去拿枪[16]的时候，头雁[6]已经大叫起来！

"这只头雁[6]，真是我的死对头[26]，我一定要打到它！"爷爷收拾着那个旧包，特别不高兴地说。

3. 两个死对头

Want to check your understanding of this part?
Go to the questions on page 52.

4. 爷爷想出了一个很"黑"的办法[28]

已经是第三天了。

我知道,如果今天晚上再打不到雁[2],大雁[2]就要飞往暖和的地方过冬天去了。

我问爷爷:"还有办法吗?"

爷爷笑了笑:"等着看吧。"

这天下午,爷爷叫我早早地穿上暖和的衣服,奶奶和妈妈给我们拿了一些吃的,爷爷把枪[16]放到他自己的大衣服里,又放进去一种非常有用的东西——香[29]。

啊,我知道了,这是爷爷打雁[2]的时候用的最"黑"的办法……

大雁[2]都在远远的地方吃东西、游泳、玩呢,我们已经找到一个合适的地方,舒舒服服地坐下来。这个地方是哨雁[18]可以看见的地方。

---

28. 很"黑"的办法 hěn "hēi" de bànfǎ: an insidious and vicious strategy
29. 香 xiāng: incense, joss stick

4. 爷爷想出了一个很"黑"的办法

这次，我们就是要让哨雁[18]看见我们！

大雁[2]都回来睡觉了，只有一只哨雁[18]没有睡觉，那哨雁[18]一会儿走过来看看，一会儿又走过去看看。那只头雁[6]看见我们，也不睡觉了，要知道，它已经两天没有好好睡觉了啊！

天已经很黑了，这天晚上特别冷，可能只有两三度。大雁[2]都把头放到翅膀[17]下睡觉了。爷爷从衣服里拿出早已经点着[30]的香[29]，很快地上下一画，让哨雁[18]看见，又很快地放回衣

30. 点着 diǎnzháo: light

服里。哨雁¹⁸看见那点着³⁰的红红的香²⁹，觉得有问题，忙大叫起来，很多睡觉的大雁²马上把头从翅膀¹⁷下拿出来，刚想飞，可是看看没有什么事，就非常不高兴，都用翅膀¹⁷和嘴去打叫自己起来的哨雁¹⁸。哨雁¹⁸觉得很疼，很委屈³¹……

现在知道了吧，为什么我要说爷爷这个办法"黑"！只要再打几次，那只哨雁¹⁸就怕了，看见什么都不再叫了，那时候，爷爷的老枪¹⁶就要"笑"了！

谁知道，这时候头雁⁶跑过来，不让那些大雁²打那只哨雁¹⁸。

31. 委屈 wěiqu: feel wronged, nurse a grievance

看见头雁⁶这样做，爷爷有点不高兴。

大雁²又睡觉了。爷爷再一次从衣服里拿出那支²⁰点着³⁰的香²⁹，让哨雁¹⁸看见。那只哨雁¹⁸又大叫起来，别的大雁²又都过来打它，头雁⁶再一次帮助它，不让别的大雁²打它……

就这样一次一次，来来回回³²，一直到早上，爷爷怎么都没有办法拿出枪¹⁶来，更不要说打雁了³³。

看着头雁⁶带着雁²队飞起来，接着飞往暖和的地方，我那打雁²远近有名¹⁹的爷爷非常非常地不愉快！

> Want to check your understanding of this part?
> Go to the questions on page 52.

---

32. 来来回回 láilái huíhuí: (move) back and forth
33. 更不要说打雁了 gèng bú yào shuō dǎ yàn le: ...to say nothing of shooting geese (never ever did it)

5. "好雁²！好雁²啊！"

可是，就在雁²队飞起来以后，出事¹了！

一只很大的鹰³⁴飞过来了，鹰³⁴很喜欢吃雁²，它看见了一只小雁²，大概觉得是不错的早饭，就很快地往小雁²那里飞。就在鹰³⁴快要吃到那只小雁²的时候，头雁⁶不知道从什么地方很快地飞过来了，看着那么大的

34. 鹰 yīng: eagle, falcon, hawk

鹰³⁴，头雁⁶一点儿都没怕，它大叫着，用自己的翅膀¹⁷一下又一下地和鹰³⁴打，那只小雁²很快地就飞远了。

鹰³⁴很不高兴，现在它一定要吃了这只头雁⁶才行！

我和爷爷紧张地看着鹰³⁴和头雁⁶在天上来回打。鹰³⁴的翅膀¹⁷比头雁⁶的长，嘴也比头雁⁶的大，打了一会儿，头雁⁶的身体上就有伤³⁵了，伤³⁵得很重，翅膀¹⁷上很多羽毛¹³也掉³⁶了下来……

雁²队飞远了，但是头雁⁶已经不行了³⁷。

看到鹰³⁴就要吃到头雁⁶了，爷爷忙拿出枪¹⁶，往远的地方打了一枪¹⁶，鹰³⁴怕了，很快地飞走了。

头雁⁶从很高的地方掉³⁶了下来，它的头上、脖子²⁵上、翅膀¹⁷上、肚子上都红了，它已经站不起来了。它一定非常疼，可是它好像一点儿都不怕，它把脖子²⁵抬得很高，用眼睛看看已经飞得很远的雁²队，看看飞

---

35. 伤 shāng: injury; injure
36. 掉 diào: drop, fall out, lose (feathers or hair)
37. 不行了 bù xíng le: become incapable, not be able to make it

走的鹰[34],然后又看着爷爷,那眼睛里有很多很多没办法说出来的东西。

看着伤[35]得很重的头雁[6],爷爷一字一字清清楚楚地说:"好雁[2]!好雁[2]啊!"

我们把头雁[6]带回了家。

从这天开始,爷爷收起[38]了那支[20]老枪[16],再也不打雁[2]了。

> Want to check your understanding of this part?
> Go to the questions on page 53.

---

38. 收起(了那只老枪) shōuqǐ (le nà zhī lǎoqiāng): put down (that old gun)

6. 这是国家二级³⁹保护¹⁴动物¹⁵

头雁⁶伤³⁵得很重,奶奶叫爷爷和我带它去北边一个大村子⁴里的医院找大夫。

正在医院里工作的是个男大夫,他是刚从城市里的大医院来的,要在这里工作一年,给大家看病。

我们一进去,这个长得很高的大夫就马上挺客气地说:"请问,你们两个谁生病了?是不是小朋友感冒发烧了?"

爷爷说:"不好意思,大夫,我还不知道您贵姓?请您看看这只大雁²,它伤³⁵得很重。"

大夫笑了:"不客气,我姓房,啊,就是房子的房。"房大夫看了看大雁²的伤³⁵,说:"对不起,我这个医生不会给大雁²看病。"

---

39. 二级(保护动物)èrjí (bǎohù dòngwù): (animals under) second-class (protection)

　　我有点绝望⁴⁰了。爷爷看着伤³⁵得很重的头雁⁶,慢慢地说起了头雁⁶的故事。

　　听说头雁⁶是因为一只小雁²才伤³⁵得这么重,房大夫的眼睛有点红了,眼睛里有了泪⁴¹,他对爷爷说:"真是只好雁²啊!我一定想办法帮助它!这样吧,我的女朋友是大学的老师,就是教学生给动物¹⁵看病的,她可能有办法。"他看了看时间,"两点

40. 绝望 juéwàng: despair, be hopeless
41. 泪 lèi: tears

一刻,这会儿,她应该没有上课。"

那时候还没有手机什么的,村子[4]里只有一个看起来[27]很大、很重的电话,房大夫很快地给女朋友打了个电话,"喂,忙什么呢?"他问。

"我正在休息。刚才给三年级的学生用英文上了课,一会儿要到另一个教室,给一年级的学生用汉语上课。从那么远的地方来电话,有什么事吗?"

"有一只大雁[2]伤[35]得很重,想问问你有什么办法。"

"大雁[2]……?这有点儿难。要知道,大雁[2]和大雁[2]是不一样的,你说的是一只什么大雁[2]呢?"

那时候村子[4]里还没有电脑,所以不能像现在一样很快地让房大夫的女朋友用电脑看见大雁[2]的照片。但是,上过大学的房大夫不怕,他在电话里把头雁[6]身体的大小,哪些地方的羽毛[13]是白的,哪些地方的羽毛[13]是黑的……说得清清楚楚,他的女朋友听了,像看见了头雁[6]的照片一样,很快就知道了,说:"我知道了,这是一种国家二级[39]保护[14]动物[15]!你那里一定没有合适的药，因为那种药现在只有美国才有。不过这事很好办，一些没有这种药的国家，差不多都给这种大雁[2]用过人的药，你也可以给它试试。"

我和爷爷不知道什么是"国家二级[39]保护[14]动物[15]"，但是听着这几个词，我们好像开始懂了些什么。

房大夫照他女朋友说的办法试着给头雁[6]洗了伤[35]，上了药[42]，头雁[6]看起来[27]舒服多了。但是房大夫的衬衫和裤子都红了。爷爷说："真对不起，你的衣服让我们拿回去洗洗吧？"

"不用不用。不客气！能帮助这只不怕鹰[34]的大雁[2]，我很高兴！"看得出来[43]，房大夫说的是真话。

"啊，那就谢谢你，也谢谢你的女朋友了！"爷爷说的也是真话。

我看出来了，现在，爷爷已经像爱我一样爱这只头雁[6]了。

42. 上药 shàng yào: apply medication
43. 看得出来 kàn de chulái: be noticeable, can be seen

6. 这是国家二级保护动物

Want to check your understanding of this part?
Go to the questions on page 53.

7. 大雁² 的爱

回到家里，我给头雁⁶做了一个很暖和的小家，还把我喜欢吃的东西和一个苹果拿给它，可是它只喝了一点儿水。它不动，也不叫，一直看着高高的地方，眼睛有点冷。它在想什么呢？是想它的雁²队吗？是想飞吗……？

这时候，一只小一点的非常好看的大雁²叫着飞到了我们的房子上，它非常好看，羽毛¹³很干净，是一只漂亮的雁²姑娘⁴⁴。头雁⁶看见它，马上高兴地叫起来，那只大雁²也特别高兴，在房子上飞来飞去⁴⁵，对着头雁⁶叫啊叫，好像在说，快点上来，和我一起飞吧，我等着你呢！

可是，头雁⁶伤³⁵得太重了，它飞了几次，怎么都飞不起来。

见头雁⁶飞不起来，那只来找它的大雁²高兴不起来了，它的眼睛看着头雁⁶，飞啊，叫啊……上上下下地

44. 姑娘 gūniang: girl, daughter
45. 飞来飞去 fēilái fēiqù: fly about

我家的大雁飞走了

飞,来来回回³²地叫,一下午,叫得嘴里都有红的东西掉³⁶出来了,头雁⁶也对着它叫啊叫,两只大雁²的眼睛里好像都有泪⁴¹,这两只大雁²真的又累又绝望⁴⁰……

晚上,下雨了,天气更冷了。我觉得房间外边有点不对,马上跑出去,"啊,爷爷、奶奶、爸爸、妈妈、哥哥、姐姐!你们快来啊!"我大叫起来。家里人都跑出来了,住在我家旁边的人听到我叫,也来了。大家看见,在冷冷的下雨的晚上,两只大雁²长长的脖子²⁵缠在一起⁴⁶,已经快要死了……

这时候,我才知道,那只好看的大雁²是头雁⁶的女朋友,头雁⁶非常爱它,它也非常爱头雁⁶,看见头雁⁶不能和自己一起飞了,它很绝望⁴⁰,就在天黑了的时候飞下来,把自己的长脖子²⁵和头雁⁶的缠在一起⁴⁶……不能一起飞了,两只大雁²就想一起死。

爷爷很快地跑过来,把头雁⁶的脖子²⁵拿到旁边,两只大雁²才没有死。

46. 缠在一起 chán zài yìqǐ: entangle (together), kink up

7. 大雁的爱

"我的好雁², 我的好孩子!"爷爷这么说的时候,眼睛里都是泪⁴¹。

"真是打雁打双⁴⁷啊!"看见两只大雁²这样,大家的眼睛里都有很多泪⁴¹。

从这天晚上开始,村子⁴里的人都不再打雁²了。

> Want to check your understanding of this part?
> Go to the questions on page 54.

---

47. 打雁打双 dǎ yàn dǎ shuāng: one who shot a goose would also hurt its mate

8. 两只远近有名¹⁹的大雁²

　　头雁⁶和它的女朋友在我家住下了，因为头雁⁶的翅膀¹⁷旁边有一些白颜色的羽毛¹³，所以我给了它一个名字叫小白，小白女朋友的翅膀¹⁷旁边有一些好看的黄颜色的羽毛¹³，所以我给了它一个名字叫小黄。没过多长时间，两只大雁²就已经知道我家的习惯，能听懂我家人说话了。爷爷一叫"小白"，小白就马上走过去；奶奶一叫"小黄"，小黄就马上往奶奶那里看；妈妈说"现在吃饭了"，两只大雁²就一起往碗那里走；哥哥姐姐一说"睡觉睡觉"，小白小黄就一前一后走进自己的小房子里去了，真有意思!

　　小白身体上的伤³⁵好了一些，能走远一些的路了，每天我去学校，小白和小黄就跟着我一起去，有时候走在我前面，有时候走在我后面。我在教室里学习新字和历史什么的,小白小黄就在学校门外边玩,等着我。这两只大雁²特别懂事⁴⁸,我和同学在教室复习或者在那个很小的图书馆里看书的时候,小黄小白一点儿都不叫,等我们上音乐课的时候小白小黄就跟着大叫起来,好像也在唱歌、跳舞,这么懂事⁴⁸的大雁²,老师和同学都很喜欢。

可是,有一天,我们班一个名叫狗狗的同学对我说,你以为你的大雁²是最好的吗?告诉你吧,你的大雁²没有我的狗好,我的狗已经学会帮爸爸买茶,帮妈妈买菜,帮弟弟买水果,帮妹妹买小本儿了,你的大雁²会吗?

狗狗的话说得我有点儿不高兴,我想,我的大雁²那么懂事⁴⁸,你的狗行,我的大雁²一定也不差!

从那天开始,我一有空儿就带小白、小黄去村子⁴里的小商店,看着别人买东西,还一次又一次地对小白小黄说:"记着,商店,这是商店。"过了一些天,小白小黄就认识去小商

---

48. 懂事 dǒng shì: sensible, thoughtful, intelligent

店的路了。我想试试我的大雁[2]，一天上午，我在小白的脖子[25]那儿放上一个小包，小包里放着跟妈妈要来的五分钱，再用笔在一个小本子上写上"买一支[20]红笔"几个字，放进小包里，告诉小白小黄说："去吧，到商店里给我买一支[20]红笔。"小白小黄就真的出了门，往小商店走。我远远地跟着看，见小白小黄真的进了商店！卖东西的阿姨早就知道小白小黄的故事，也非常喜欢小白小黄，现在看见小白小黄像狗狗家的狗一样脖子[25]上带着小包来了，阿姨就笑了，从小包里拿出钱，又拿出我写着字的本子看了看，然后把一支[20]红笔放进小包里，

小白和小黄就高高兴兴地叫着回家了。

看见小白小黄这么懂事[48]，爸爸妈妈一忙起来，也常常叫小白小黄去帮着买东西。奶奶不会写字，就在本子上画上要买的东西，小白小黄也能把奶奶要的东西买回来。真有意思！

在狗狗生日那天，我叫小白小黄到小商店里给狗狗买了一块只能玩不能走的表做礼物。虽然很便宜，但是狗狗非常高兴，说，我的狗好，你的大雁[2]也好！

没过多长时间，小白和小黄的事远近的村子[4]就都知道了，小白小黄已经很有名了。

有一天，两个男人和一个小姐开着车来到村子[4]里，那个小姐看见人就问："听说你们村子[4]里有两只大雁[2]？"村子[4]里的人就把他们带到我家。他们一看见小白和小黄，马上拿出一个大包，包住小白小黄就带走了。他们自己介绍说，他们是动物[15]保护[14]协会[49]的。

村子[4]里的人都问，什么叫动物[15]

---

49. 协会 xiéhuì: association, society

保护¹⁴协会⁴⁹，那个小姐就说："咱们国家的动物¹⁵保护¹⁴协会⁴⁹是今年才有的一个协会⁴⁹，所以你们不知道。也就是说，我们是一个爱动物¹⁵，保护¹⁴动物¹⁵，不让人们打动物¹⁵的协会⁴⁹。"

没有了<u>小白</u> <u>小黄</u>，我们家的人都很不愉快：爷爷奶奶睡不好觉，爸爸妈妈不说话，哥哥姐姐不唱也不笑，我天天吃不下饭。家里好像一下少了很多东西，再也没有了快乐。

> Want to check your understanding of this part?
> Go to the questions on page 54–55.

9. 小白小黄在哪里？

　　我想给动物[15]保护[14]协会[49]写信，可是我不知道应该往哪里寄，就这样过了一个星期，我告诉爷爷，我特别特别想小白和小黄，爷爷说："明天咱们去看看小白和小黄！"

　　我高兴极了，第二天是周末，不去学校，我有空。

　　第二天早上，我换下旧了的衬衫和裤子，穿上了最好看的新衣服，还准备了小白小黄最爱吃的东西，就等着和爷爷去城市里。城市虽然很远，坐汽车差不多要一个小时，但是为少用一些钱，我和爷爷早早起来，打算骑自行车去。

　　那时候，在我这个十二岁孩子的眼睛里，这个小城市好像很大很大，也非常有意思，这里有一些公司，还有一个公园、几个商店。在城市的西边，我和爷爷进了一个书店，书店虽然不大，但有书有词典，有报纸有杂志。还有一本又有中文又有英文的故事书，很好看。有的杂志讲新电影、新电视的故事，有的杂志上有很多照片。有一本杂志，上面有外国的大机场、大飞机、大火车和大汽车的照片，很漂亮。二十五年前，一些和我一样的中国人都没有见过这些呢。

要是在三个月以前，我一定会缠着爷爷要那本有大飞机、大火车的杂志，因为那时候爷爷打雁[2]可以卖不少钱。但是现在，我知道我不能要这本杂志了，对我们来说，这本杂志太贵了，爷爷现在没有钱。

在走出书店的时候我问自己：在打雁[2]和有钱两个里只给你一个，你要什么？我想，我当然是不要打雁[2]！大雁[2]是多好的动物[15]啊，就是再没钱，我也一定不要打雁[2]！

我对自己说，没关系，我可以到学校的小图书馆里去借书，那里有一些我有兴趣的书、报、杂志，还有大大小小三四种词典呢。再说，我已经快长大了，我要好好学习，上一个好大学，工作以后有了钱，就可以买我喜欢的书了。这样想的时候，我快乐起来。

我们不知道动物[15]保护[14]协会[49]在哪儿，更不知道他们的房子是什么样的，所以，我和爷爷不知道怎样才能找到他们。在城市里我们一会儿往东，一会儿往南，像参观一样走了半天，我和爷爷才在城市的北门附近找到它。进了门，我往里一看，就看见小白和小黄关在左边一间很小的房子里，一点儿都不快乐，不唱歌也不跳舞，身体旁边有一个碗，碗里有一些好像放了两三天、已经不太好了的饭。看起来[27]小白小黄很长时间没有吃饭了……我的眼睛里一下有了泪[41]，大叫着"小白小黄，你们怎么了？"跑到那个小房子旁边，小白和小黄看见我，马上站起来，快乐地叫着，翅膀[17]像飞一样，一上一下地欢迎我，我好像听到小白小黄在说："好久不见，真想你！快进来，快进来！"我拿出小白小黄喜欢吃的东西，小白小黄很快地吃了起来。

那几个从我家带走小白小黄的男人和小姐注意地看着我们，看见大雁[2]那么高兴地欢迎我，还那么快地吃东西，就站在一起说了一会儿话，然后走进一个房间，关上门。过了一会儿，他们出来了，那个小姐对我说："我们刚刚给北京的国家动物[15]保护[14]协会[49]打了电话，谈了你们和这两只大雁[2]的情况。"停了一下，她又说，"孩子，你如果真的爱这两只大雁[2]，现在你可以把这两只大雁[2]带回家了。因为，在这里的一星期，这两只大雁[2]一点儿饭也没吃，一点儿水也没喝，昨天我们还在说，再这样，这两只大雁[2]会死的。"

9. 小白小黄在哪里？

"谢谢您！"我高兴地叫起来。

"不过，希望你好好对这两只大雁²，要是你不能让这两只大雁²好起来，我就不能让你把这两只大雁²带走。"

"会的，我一定好好对小白 小黄！"说着，我看了看爷爷，我看见一星期没笑的爷爷笑了。

小白 小黄回来了，村子⁴里的人都非常高兴，老老小小都来我家看小白小黄，从早上到中午，从中午到晚上，我家的客厅里一共来了九十多个人，一些人走的时候还说，明天、后天还要再来看小白和小黄。这一天，我们的早饭午饭晚饭都没有吃好，但是我们很快乐。

Want to check your understanding of this part?
Go to the questions on page 55.

10. 头雁⁶ 又飞起来了

时间过得飞一样快，春天来了，天气暖和了，大雁²又开始往北边飞去。头雁⁶小白常常看着天上飞过的雁²队想事儿，黑黑的眼睛很大很大。

我知道，小白 小黄是大雁²，大雁²应该在天上飞。特别是小白，它是头雁⁶，是只最好的头雁⁶，它怎么能不想飞呢？所以，我打算帮小白飞起来。

小白的翅膀¹⁷伤³⁵得很重，羽毛¹³掉³⁶了很多，现在刚刚开始长出很短的新羽毛¹³。

为让小白早一点儿飞起来，我先让它站在一张桌子上往下飞，哪知道，因为翅膀¹⁷坏了，运动得少，小白一飞就掉³⁶下来，可是它一点儿都不怕疼，不怕难。我把它放到那张桌子上，想让它休息一会儿，可它马上又往下

飞！飞了一个多月，不知道多少次，小白飞好了。我又让它站在我家的房子上往下飞，飞了两个多月，小白又飞好了。不久，夏天到了，几门课都考试完了，放暑假后，学校没有老师和同学，我就让小白站在学校的小楼上往下飞……虽然天气很热，但是小白一点都不怕。

一天一天，小白的翅膀[17]已经长出了长长的羽毛[13]，现在，它已经飞得很好了。

从小白能飞高飞远开始，每天早上，小白都和小黄一起，飞到村子[4]

西边的湿地[12]里或者北边的大山里去，虽然飞得很远，但是只要我站在房子上大叫"小白——，小黄——"，小白小黄就一定马上飞回来，这两只大雁[2]知道我在叫谁。

又到十月了，天气开始冷了，我有点儿紧张，我也说不出我紧张什么。

我真的想让小白 小黄回到雁[2]队里去，回到天上，像以前一样，每年都到远远的地方去旅行，飞过世界上很多城市、村子[4]，看很多机场和大飞机、大火车，还有很多我没有见过的新东西。可是，我又非常怕，怕以后再也不能和小白 小黄见面……

那几天，一看见天上飞着"一"字队[7]、"人"字队[8]的大雁[2]，一听到大雁[2]叫，我就紧张……

有一天，一队大雁[2]飞到了村子[4]西边的湿地[12]休息，爷爷把我叫过来，慢慢地说：

"孩子，是让小白 小黄回到雁[2]队的时候了。"

我知道，我最怕的事来了。我的眼睛里一下有了泪[41]，很多的泪[41]。

Want to check your understanding of this part?
Go to the questions on page 55~56.

11. 再见吧，大雁², 我爱你们!

　　下午，天气很好，我和爷爷带着小白 小黄往村子⁴外边的湿地¹²走，村子⁴里的人好像知道我们要做什么，都不说话地跟着我们，大家都想送送小白 小黄。

　　来到湿地¹²，爷爷慢慢地说："好了，我的大雁²，我的好雁²。飞吧，去找你们的雁²队，过你们自己的生活吧。但是，以后不要忘了带着你们生的孩子回来看看。"听了爷爷的话，一起来的人有的笑了，有的没笑，但是，笑了的和没笑的人眼睛里都有了泪⁴¹。

　　小白 小黄叫着飞到湿地¹²去了，看起来²⁷很快乐。

　　是啊，小白 小黄是大雁²，看见那么多和自己一样的大雁²，应该快乐。我这样对自己说。

晚上,我在房间里怎么也睡不好觉,好像老听到小白小黄在附近叫。我知道,爷爷也没睡觉。

时间一分一分,一小时一小时地往前走,村子⁴里的人大概都睡觉了,可是爷爷听到了什么,很快地起床了,"小白小黄回来了!"爷爷说着,很快地走到房子外边。我衣服都没穿也很快地从床上跳了下来。

啊!真的,小白和小黄就在我家的房子上,一会儿飞来飞去⁴⁵,一会儿站下来,这里那里地看……啊,小白小黄也想我们!

这一晚上,我们家的人都没有睡觉。

第二天,妈妈早早走进厨房,做了小白 小黄最喜欢吃的东西,想让小白 小黄吃完饭早一点回到雁[2]队里去。因为,雁[2]队就要接着往南飞了。

村子[4]里的人听说小白 小黄回来了,都来到我家,像欢迎客人一样。狗狗也带着他的狗来了。现在,狗狗已经是我的好朋友了。

早饭后,我们全家和村子[4]里的人再一次带着小白和小黄来到湿地[12],雁[2]队已经飞起来了,要飞往暖和的地方。

雁[2]队已经飞了很远很远,爷爷让小白 小黄飞出去两次,可是小白 小黄都是飞一飞又回到爷爷这儿。

啊,小白 小黄那么爱爷爷,爷爷和大雁[2]再也不是死对头[26]了!

见两只大雁[2]又飞回来了,爷爷说:"好孩子,走吧,到雁[2]队里去。你们是最好的大雁[2],你们要飞得高高的,远远的,看见你们飞,我们才高兴!"说完,爷爷又让小白 小黄飞出去,两只大雁²好像听懂了,这一次,小白 小黄一起飞走了。

"再见,小白 小黄,我爱你们!"我对小白 小黄说。

我知道,飞得再远,小白 小黄也能听到。

Want to check your understanding of this part?
Go to the questions on page 56.

To check your vocabulary of this reader,
go to the questions on page 57.

To check your global understanding of this reader,
go to the questions on page 58.

生词索引
Vocabulary index

1	出事	chū shì	have an accident
2	雁	yàn	wild goose
3	懂得	dǒngde	understand
4	村子	cūnzi	village
5	家家都没有多少钱	jiājiā dōu méiyǒu duōshao qián	all the families did not have much money (all were poor)
6	头雁	tóuyàn	lead goose
7	"一"字队	"yī" zì duì	in a formation of "一"(a line)
8	"人"字队	"rén" zì duì	in a formation of "人" (V)
9	公雁	gōngyàn	male goose
10	有麻烦	yǒu máfan	be in trouble
11	出错	chū cuò	make mistakes
12	湿地	shīdì	wetland
13	羽毛	yǔmáo	feather
14	保护	bǎohù	protect, safeguard
15	动物	dòngwù	animal
16	枪	qiāng	gun
17	翅膀	chìbǎng	wing
18	哨雁	shàoyàn	sentry goose
19	远近有名	yuǎnjìn yǒu míng	be well-known near and far
20	支	zhī	classifier for slender objects
21	放(一枪)	fàng (yì qiāng)	fire (one shot)
22	发	fā	classifier for bullets
23	子弹	zǐdàn	bullet
24	半开玩笑	bàn kāi wánxiào	half in jest (and half seriously)
25	脖子	bózi	neck

26	死对头	sǐduìtou	bitter enemy
27	看起来	kàn qǐlái	seem, look like
28	很"黑"的办法	hěn "hēi" de bànfǎ	an insidious and vicious strategy
29	香	xiāng	incense, joss stick
30	点着	diǎnzháo	light
31	委屈	wěiqu	feel wronged, nurse a grievance
32	来来回回	láilái huíhuí	(move) back and forth
33	更不要说打雁了	gèng bú yào shuō dǎ yàn le	...to say nothing of shooting geese (never ever did it)
34	鹰	yīng	eagle, falcon, hawk
35	伤	shāng	injury; injure
36	掉	diào	drop, fall out, lose (feathers or hair)
37	不行了	bù xíng le	become incapable, not be able to make it
38	收起(了那只老枪)	shōuqǐ (le nà zhī lǎoqiāng)	put down (that old gun)
39	二级(保护动物)	èrjí (bǎohù dòngwù)	(animals under) second-class (protection)
40	绝望	juéwàng	despair, be hopeless
41	泪	lèi	tears
42	上药	shàng yào	apply medication
43	看得出来	kàn de chūlái	be noticeable, can be seen
44	姑娘	gūniang	girl, daughter
45	飞来飞去	fēilái fēiqù	fly about
46	缠在一起	chán zài yìqǐ	entangle (together), kink up
47	打雁打双	dǎ yàn dǎ shuāng	one who shot a goose would also hurt its mate
48	懂事	dǒng shì	sensible, thoughtful, intelligent
49	协会	xiéhuì	association, society

练 习
Exercises

1. 二十五年前，出过一件事……（p.1）

   下面的说法哪个对，哪个错？Mark the correct statements with "T" and the incorrect ones with "F".

   （1）这个故事发生在两年前。　　　　　　　　　（　）
   （2）每年十月，大雁都飞到我们村子过冬。　　　（　）
   （3）头雁是雁队里边最漂亮、最大的公雁。　　　（　）
   （4）哨雁是雁队里边飞得最快的大雁。　　　　　（　）
   （5）那时候村子里的人不知道大雁是保护动物，所以打雁卖钱。
   　　　　　　　　　　　　　　　　　　　　　　（　）
   （6）头雁的工作是晚上不睡觉，帮大家看有没有人来打他们。
   　　　　　　　　　　　　　　　　　　　　　　（　）

2. 最会打雁的人和最好的头雁（p.5）

   下面的说法哪个对，哪个错？Mark the correct statements with "T" and the incorrect ones with "F".

   （1）爷爷是我们这里最有名的打雁人。　　　　　（　）
   （2）爷爷的枪子弹很特别，大子弹里有很多小子弹。（　）
   （3）爷爷打雁的时候喜欢一下子打很多枪。　　　（　）
   （4）爷爷打雁的钱都用来买酒喝。　　　　　　　（　）
   （5）今年的头雁是雁队里最老的大雁。　　　　　（　）

3. 两个死对头 (p.10)

根据故事选择正确的答案。 Select the correct answer for each of the questions.

(1) 爷爷把枪放在哪儿?
　　a. 衣服里　　　　　　b. 包里
(2) 爷爷刚拿出枪时,大叫的是哨雁还是头雁?
　　a. 哨雁　　　　　　　b. 头雁
(3) 第一天爷爷打到雁了吗?
　　a. 打到了　　　　　　b. 没打到
(4) 第二天爷爷打到雁了吗?
　　a. 打到了　　　　　　b. 没打到
(5) 谁是爷爷的死对头?
　　a. 头雁　　　　　　　b. 哨雁

4. 爷爷想出了一个很"黑"的办法 (p.14)

根据故事选择正确的答案。 Select the correct answer for each of the questions.

(1) 除了枪,爷爷还把什么放在衣服里?
　　a. 吃的　　　　　　　b. 香
(2) 为什么那些大雁用翅膀和嘴去打哨雁? 因为
　　a. 哨雁吵醒了别的大雁　b. 哨雁睡着了
(3) 爷爷为什么点香?
　　a. 让哨雁睡觉　　　　b. 让哨雁以为爷爷要放枪
(4) 为什么头雁不让别的大雁打哨雁? 因为
　　a. 哨雁的做法是对的　　b. 哨雁是它的孩子
(6) 最后爷爷打到雁了吗?
　　a. 打到了　　　　　　b. 没打到

5. "好雁！好雁啊！"(p.18)

下面的说法哪个对，哪个错？Mark the correct statements with "T" and the incorrect ones with "F".

(1) 鹰要吃掉一只小雁。　　　　　　　　　　（　）
(2) 哨雁和头雁一起和鹰打了起来。　　　　　（　）
(3) 头雁受伤了。　　　　　　　　　　　　　（　）
(4) 小雁飞跑了。　　　　　　　　　　　　　（　）
(5) 鹰吃掉了哨雁。　　　　　　　　　　　　（　）
(6) 爷爷开枪打死了鹰。　　　　　　　　　　（　）

6. 这是国家二级保护动物 (p.21)

根据故事选择正确的答案。Select the correct answer for each of the questions.

(1) 我们把受伤的大雁带到了哪儿？
　　a. 村子里的医院　　　　b. 城里的医院
(2) 房大夫会给大雁看病吗？
　　a. 会　　　　　　　　　b. 不会
(3) 房大夫给谁打了电话？
　　a. 他的大学老师　　　　b. 他的女朋友
(4) 接电话的人怎么知道受伤的大雁是国家二级保护动物？
　　a. 房大夫告诉他受伤的雁的样子
　　b. 房大夫给他用电脑发了照片
(5) 谁给大雁洗了伤，上了药？
　　a. 我和爷爷　　　　　　b. 房大夫

7. 大雁的爱 (p.26)

根据故事选择正确的答案。Select the correct answer for each of the questions.

(1) 谁给头雁做了一个温暖的小窝?
　　a. 我　　　　　　b. 爷爷

(2) 新飞来的雁姑娘是头雁的孩子还是女朋友?
　　a. 孩子　　　　　b. 女朋友

(3) 雁姑娘为什么来我们家? 因为
　　a. 她也受伤了　　b. 她想和头雁在一起

(4) 为什么两只大雁的脖子缠在一起? 因为
　　a. 它们很冷　　　b. 它们想一起死

8. 两只远近有名的大雁 (p.30)

下面关于头雁和它女朋友的说法哪个对,哪个错?Among the following statements about the leading goose and its girlfriend, mark the correct ones with "T" and the incorrect ones with "F".

(1) 头雁的名字叫小黄,头雁女朋友的名字叫小白。　(　)
(2) 头雁和它的女朋友能听懂我家人说的话。　　　　(　)
(3) 头雁和它的女朋友常常跟我一起上学。　　　　　(　)
(4) 头雁和它的女朋友还会帮我买东西。　　　　　　(　)
(5) 头雁和它的女朋友喜欢和狗狗的狗在一起玩。　　(　)

小白和小黄被带走以后,我的家人是如何反应的? 请用所给的词语进行填空。What were the reactions of my family after Xiao Bai and Xiao Huang were taken away?

　　a. 天天吃不下饭　　b. 不说话　　c. 不喝酒、不喝茶

d. 不唱也不笑　　　　e. 睡不好觉

(1) 爷爷奶奶 _____。
(2) 爸爸 _____。
(3) 妈妈 _____。
(4) 哥哥姐姐 _____。
(5) 我 _____。

9. 小白小黄在哪里？（p.35）

下面的说法哪个对，哪个错？Mark the correct statements with "T" and the incorrect ones with "F".

(1) 因为小白和小黄生病了，所以我和爷爷去城里看它们。
　　　　　　　　　　　　　　　　　　　　　　（　）
(2) 我和爷爷去了飞机场，看了大飞机。　　　（　）
(3) 爷爷在书店给我买了一本外国杂志。　　　（　）
(4) 动物保护协会很好找，所以我们很快就到了那儿。（　）
(5) 小白和小黄在动物保护协会一点都不快乐。（　）
(6) 第二天，动物保护协会把小白小黄送了回来。（　）

10. 头雁又飞起来了（p.41）

下面的说法哪个对，哪个错？Mark the correct statements with "T" and the incorrect ones with "F".

(1) 小白常常看着天上飞过的雁队想事儿。　　（　）
(2) 为了让小白早一点儿飞起来，小黄开始帮助它练习飞。
　　　　　　　　　　　　　　　　　　　　　　（　）
(3) 小白学飞学得很快，一个月就能飞高飞远了。（　）
(4) 小白常常和雁队一起练习飞。　　　　　　（　）

(5) 小白学会了飞，可是我有点儿难过，因为我怕动物保护协会的人会带走它们。　　　　　　　　　　（　）

11. 再见吧，大雁，我爱你们！(p.45)

根据故事选择正确的答案。Select the correct answer for each of the questions.

(1) 我们是在哪儿送小白和小黄离开的？

　　a. 村子西边的湿地　　　b. 村子北边的大山

(2) 第一天晚上小白和小黄为什么又回来了？因为

　　a. 它们想我们了　　　　b. 它们又受伤了

(3) 小白和小黄最后离开之前，"我"说了什么？

　　a. 小白小黄，走吧！

　　b. 再见，小白小黄，我爱你们！

词汇练习 Vocabulary Exercises

选词填空 Fill in each blank with the most appropriate word

a. 漂亮　b. 暖和　c. 比赛　d. 紧张　e. 容易

(1) 头雁站在很高的地方，很_____就看见爷爷。
(2) 头雁是雁队里最_____的公雁。
(3) 雁队要飞到_____的地方过冬。
(4) 雁队常常在一起唱歌、跳舞，好像_____一样有意思。
(5) 爷爷看到今年的新头雁心里有点儿_____。

a. 愉快　b. 游泳　c. 机会　d. 合适　e. 冷

(1) 大雁常常在湿地的水里_____。
(2) 十月了，天气已经很_____了。
(3) 爷爷没打到雁，心里很不_____。
(4) 头雁没有给爷爷一次_____。
(5) 爷爷找到一个_____的地方坐了下来。

a. 疼　b. 舒服　c. 累　d. 特别　e. 便宜

(1) 我们给头雁上了药，它_____了一点儿。
(2) 别的大雁都来打哨雁，哨雁觉得很_____。
(3) 小黄小白被带走以后，我_____想它们。
(4) 头雁已经两天没睡觉了，很_____。
(5) 虽然我送给狗狗的表很_____，可是狗狗很高兴。

a. 注意　b. 快乐　c. 考试　d. 旅行　e. 睡觉

(1) 小白小黄走了以后，爷爷和我都不能_____。
(2) 小白和小黄在动物保护协会一点都不_____。
(3) 动物保护协会的人_____到我们很爱小黄小白，就让我们把它们带回家了。
(4) 学校的_____完了以后，我就带小白去学飞。
(5) 我希望小白小黄去很远的地方_____。

综合理解 Global understanding

根据整篇故事选择正确的答案。Select the correct answer for each of the gaped sentences in the following passage.

这件事发生在我十二岁那年。我的爷爷,是我们那儿最有名的(a. 养雁人 b. 打雁人),因为这件事他再也(a. 不养雁了 b. 不打雁了)。

每年十月,我们村子西边的湿地里就会飞来一些大雁。这些大雁在那里(a. 休息几天,再飞到暖和的地方过冬 b. 过整个冬天)。雁队里常常有一只头雁,一只哨雁。(a. 头雁 b. 哨雁)是雁队里最漂亮,飞得最快的公雁。(a. 头雁 b. 哨雁)是放哨的雁,在别的大雁睡觉时看有没有人打它们。可是今年的(a. 头雁 b. 哨雁)还做起了(a. 头雁 b. 哨雁)的工作,所以(a. 爷爷没打到雁 b. 爷爷打到很多雁)。

在雁队离开我们那儿的湿地要飞到南方的时候,突然,(a. 飞来一只鹰 b. 跑来一只狗),想要吃掉(a. 头雁的女朋友 b. 一只小雁),头雁为了保护那只小雁受了伤,我和爷爷把它带回了家。那天晚上,头雁的女朋友来了。它本来想和头雁一起飞走,但是看到头雁不能飞了,就想(a. 留下来照顾它 b. 和它一起死)。村子里的人看到了这些,再也(a. 不打雁了 b. 不吃雁了)。

头雁和它的女朋友在我们家住了差不多一年,大家都非常喜欢这两只可爱的大雁。爷爷和我更是离不开它们。这两只大雁还能帮我(a. 送信 b. 买东西)。可是,等头雁学会了飞,我和爷爷就送它们回到(a. 雁队 b. 动物保护协会),因为他们应该跟别的大雁在一起。

二十五年过去了,每次我看到天上有大雁飞过的时候,都会想起我的大雁。

练习答案
Answer keys to the exercises

1. 二十五年前,出过一件事……
   (1) F   (2) F   (3) T   (4) F   (5) T   (6) F

2. 最会打雁的人和最好的头雁
   (1) T   (2) T   (3) F   (4) F   (5) F

3. 两个死对头
   (1) b   (2) b   (3) b   (4) b   (5) a

4. 爷爷想出了一个很"黑"的办法
   (1) b   (2) a   (3) b   (4) a   (5) b

5. "好雁!好雁啊!"
   (1) T   (2) F   (3) T   (4) T   (5) F   (6) F

6. 这是国家二级保护动物
   (1) a   (2) b   (3) b   (4) a   (5) b

7. 大雁的爱
   (1) a   (2) b   (3) b   (4) b

8. 两只远近有名的大雁
(1) F (2) T (3) T (4) T (5) F

(1) e (2) b (3) b (4) d (5) a

9. 小白小黄在哪里？
(1) F (2) F (3) F (4) F (5) T (6) F

10. 头雁又飞起来了
(1) T (2) F (3) F (4) F (5) F

11. 再见吧，大雁，我爱你们！
(1) a (2) a (3) b

词汇练习 Vocabulary Exercise

(1) e   (2) a   (3) b   (4) c   (5) d

(1) b   (2) e   (3) a   (4) c   (5) d

(1) b   (2) a   (3) d   (4) c   (5) e

(1) e   (2) b   (3) a   (4) c   (5) d

综合理解 Global understanding

这件事发生在我十二岁那年。我的爷爷,是我们那儿最有名的(b. 打雁人),因为这件事他再也(b. 不打雁了)。

每年十月,我们村子西边的湿地里就会飞来一些大雁。这些大雁在那里(a. 休息几天,再飞到暖和的地方过冬)。雁队里常常有一只头雁,一只哨雁。(a. 头雁)是雁队里最漂亮,飞得最快的公雁。(b. 哨雁)是放哨的雁,在别的大雁睡觉时看有没有人打它们。可是今年的(a. 头雁)还做起了(b. 哨雁)的工作,所以(a. 爷爷没打到雁)。

在雁队离开我们那儿的湿地要飞到南方的时候,突然,(a. 飞来一只鹰),想要吃掉(b. 一只小雁),头雁为了保护那只小雁受了伤,我和爷爷把它带回了家。那天晚上,头雁的女朋友来了。它本来想和头雁一起飞走,但是看到头雁不能飞了,就想(b. 和它一起死)。村子里的人看到了这些,再也(a. 不打雁了)。

头雁和它的女朋友在我们家住了差不多一年,大家都非常喜欢这两只可爱的大雁。爷爷和我更是离不开它们。这两只大雁还能帮我(b. 买东西)。可是,等头雁学会了飞,我和爷爷就送它们回到(a. 雁队),因为他们应该跟别的大雁在一起。

二十五年过去了,每次我看到天上有大雁飞过的时候,都会想起我的大雁。

为所有中文学习者(包括华裔子弟)编写的
第一套系列化、成规模、原创性的大型分级轻松泛读丛书

《汉语风》(Chinese Breeze) 分级系列读物简介

《汉语风》(Chinese Breeze)是一套大型中文分级泛读系列丛书。这套丛书以"学习者通过轻松、广泛的阅读提高语言的熟练程度,培养语感,增强对中文的兴趣和学习自信心"为基本理念,根据难度分为8个等级,每一级8—10册,共60余册,每册8,000至30,000字。丛书的读者对象为中文水平从初级(大致掌握300个常用词)一直到高级(掌握3,000—4,500个常用词)的大学生和中学生(包括修美国AP课程的学生),以及其他中文学习者。

《汉语风》分级读物在设计和创作上有以下九个主要特点:

一、等级完备,方便选择。精心设计的8个语言等级,能满足不同程度的中文学习者的需要,使他们都能找到适合自己语言水平的读物。8个等级的读物所使用的基本词汇数目如下:

第1级:300基本词	第5级:1,500基本词
第2级:500基本词	第6级:2,100基本词
第3级:750基本词	第7级:3,000基本词
第4级:1,100基本词	第8级:4,500基本词

为了选择适合自己的读物,读者可以先看看读物封底的故事介绍,如果能读懂大意,说明有能力读那本读物。如果读不懂,说明那本读物对你太难,应选择低一级的。读懂故事介绍以后,再看一下书后的生词总表,如果大部分生词都认识,说明那本读物对你太容易,应试着阅读更高一级的读物。

二、题材广泛,随意选读。丛书的内容和话题是青少年学生所喜欢的侦探历险、情感恋爱、社会风情、传记写实、科幻恐怖、神话传说等等。学习者可以根据自己的兴趣爱好进行选择,享受阅读的乐趣。

三、词汇实用,反复重现。各等级读物所选用的基础词语是该等级的学习者在中文交际中最需要最常用的。为研制《汉语风》各等级的基础词表,《汉语风》工程首先建立了两个语料库:一个是大规模的当代中文书面

语和口语语料库,一个是以世界上不同地区有代表性的40余套中文教材为基础的教材语音库。然后根据不同的交际语域和使用语体对语料样本进行分层标注,再根据语言学习的基本阶程对语料样本分别进行分层统计和综合统计,最后得出符合不同学习阶段需要的不同的词汇使用度表,以此作为《汉语风》等级词表的基础。此外,《汉语风》等级词表还参考了美国、英国和中国内地、台湾、香港等所建的10余个当代中文语料库的词语统计结果。以全新的理念和方法研制的《汉语风》分级基础词表,力求既具有较高的交际实用性,也能与学生所用的教材保持高度的相关性。此外,《汉语风》的各级基础词语在读物中都通过不同的语境反复出现,以巩固记忆,促进语言的学习。

四、易读易懂,生词率低。《汉语风》严格控制读物的词汇分布、语法难度、情节开展和文化负荷,使读物易读易懂。在较初级的读物中,生词的密度严格控制在不构成理解障碍的1.5%到2%之间,而且每个生词(本级基础词语之外的词)在一本读物中初次出现的当页用脚注做出简明注释,并在以后每次出现时都用相同的索引序号进行通篇索引,篇末还附有生词总索引,以方便学生查找,帮助理解。

五、作家原创,情节有趣。《汉语风》的故事以原创作品为主,多数读物由专业作家为本套丛书专门创作。各篇读物力求故事新颖有趣,情节符合中文学习者的阅读兴趣。丛书中也包括少量改写的作品,改写也由专业作家进行,改写的原作一般都特点鲜明、故事性强,通过改写降低语言难度,使之适合该等级读者阅读。

六、语言自然,地道有味。读物以真实自然的语言写作,不仅避免了一般中文教材语言的枯燥和"教师腔",还力求鲜活地道。

七、插图丰富,版式清新。读物在文本中配有丰富的、与情节内容自然融合的插图,既帮助理解,也刺激阅读。读物的版式设计清新大方,富有情趣。

八、练习形式多样,附有习题答案。读物设计了不同形式的练习以促进学习者对读物的多层次理解;所有习题都在书后附有答案,以方便查对,利于学习。

九、配有录音光盘,两种语速选择。各册读物所附光盘上的故事录音(MP3格式),有正常语速和慢速两个语速选择,学习者可以通过听的方式轻松学习、享受听故事的愉悦。

《汉语风》建有专门网站,网址为 www.hanyufeng.com (英文版 www.chinesebreeze.com.cn)。请访问该网站查看《汉语风》各册的出版动态,购买方式,可下载的补充练习,以及对教师和学生的使用建议等信息。

For the first time ever, Chinese has an extensive series of enjoyable graded readers for non-native speakers and heritage learners of all levels

ABOUT Hànyǔ Fēng (*Chinese Breeze*)

Hànyǔ Fēng (*Chinese Breeze*) is a large and innovative Chinese graded reader series which offers over 60 titles of enjoyable stories at eight language levels. It is designed for college and secondary school Chinese language learners from beginning to advanced levels (including AP Chinese students), offering them a new opportunity to read for pleasure and simultaneously developing real fluency, building confidence, and increasing motivation for Chinese learning. *Hànyǔ Fēng* has the following main features:

☆ Eight carefully graded levels increasing from 8,000 to 30,000 characters in length to suit the reading competence of first through fourth-year Chinese students:

Level 1: 300 base words	Level 5: 1,500 base words
Level 2: 500 base words	Level 6: 2,100 base words
Level 3: 750 base words	Level 7: 3,000 base words
Level 4: 1,100 base words	Level 8: 4,500 base words

To check if a reader is at one's reading level, a learner can first try to read the introduction of the story on the back cover. If the introduction is comprehensible, the leaner will have the ability to understand the story. Otherwise the learner should start from a lower level reader. To check whether a reader is too easy for oneself, the learner can skim Vocabulary (new words) Index at the end of the text. If most of the words on the new word list are familiar to the learner, then she/ he should try a higher level reader.

☆ Wide choice of topics, including detective, adventure, romance, fantasy, science fiction, society, biography, legend, horror, etc. to meet the diverse interests of both adult and young adult learners.

☆ Careful selection of the most useful vocabulary for real life communication in modern standard Chinese. The base vocabulary used for writing each level was generated from sophisticated computational analyses of very large written and spoken Chinese corpora as well as a language databank of over 40 commonly used or representative Chinese textbooks in different countries.

☆ Controlled distribution of vocabulary and grammar as well as the deployment of story plots and cultural references for easy reading and efficient learning, and highly recycled base words in various contexts at each level to maximize language development.

☆ Easy to understand, low new word density, and convenient new word glosses and indexes. In lower level readers, new word density is strictly limited to 1.5% to 2%. All new words are conveniently glossed with footnotes upon first appearance and also fully indexed throughout the texts as well as at the end of the text.

☆ Mostly original stories providing fresh and exciting material for Chinese learners (and even native Chinese speakers).

☆ Authentic and engaging language crafted by professional writers teamed with pedagogical experts.

☆ Fully illustrated texts with appealing layouts that facilitate understanding and increase enjoyment.

☆ Including a variety of activities to stimulate students' interaction with the text and answer keys to help check for detailed and global understanding.

☆ Audio CDs in MP3 format with two speed choices (normal and slow) accompanying each title for convenient auditory learning.

Please visit the Chinese Breeze (Hànyǔ Fēng) website at www.chinesebreeze.com.cn (or www.hanyufeng.com for its Chinese version) for all the released titles, purchase information, downloadable supplementary exercises, and suggestions about how to integrate Hànyǔ Fēng (Chinese Breeze) readers into your Chinese language teaching or learning.

《汉语风》系列读物其他分册内容简介
Other *Chinese Breeze* titles

《汉语风》全套共 8 级 60 余册,自 2007 年 11 月起由北京大学出版社陆续出版。下面是已经出版或近期即将出版的各册简介。请访问《汉语风》专门网站 www.hanyufeng.com (英文版 www.chinesebreeze.com.cn) 或北京大学出版社网站 (www.pup.cn) 关注最新的出版动态。

Hànyǔ Fēng (*Chinese Breeze*) series consists of over 60 titles at eight language levels. They are to be published in succession since November 2007 by Peking University Press. For most recently released titles, please visit the *Chinese Breeze* (Hànyǔ Fēng) website at www.chinesebreeze.com.cn (or www.hanyufeng.com for its Chinese version) or the Peking University Press website at www.pup.cn.

第 1 级:300 词级
Level 1: 300 Word Level

错,错,错!
Wrong, Wrong, Wrong!

6月8号,北京。一个漂亮的小姐在家里死了,她身上有一封信,说:"我太累了,我走了。"下面写的名字是"林双双"。双双有一个妹妹叫对对,两人太像了,别人都不知道哪个是姐姐,哪个是妹妹……死了的小姐是双双,对对到哪里去了? 死了的小姐是对对,为什么信上写的是"林双双"?

June 8. Beijing. A pretty girl lies dead on the floor of her luxury home. A slip of paper found on her body reads, "I'm tired. Let me leave..." At the bottom of the slip is a signature: Lin Shuang-shuang.

Shuang-shuang has a twin-sister called Dui-dui. The two girls look so similar that others can hardly tell who's who. Is the one who died really Shuang-shuang? Then where is Dui-dui? If the one who died is Dui-dui as someone claimed, then why is the signature on the slip Lin Shuang-shuang?

两个想上天的孩子
Two Children Seeking the Joy Bridge

"叔叔,在哪里买飞机票?"

"小朋友,你们为什么来买飞机票?要去旅行吗?"

"不是。""我们要到天上去。"

……

这两个要买飞机票的孩子,一个7岁,一个8岁。没有人知道,他们为什么想上天?这两个孩子也不知道,在他们出来以后,有人给他们的家里打电话,让他们的爸爸妈妈拿钱去换他们呢……

"Sir, where is the air-ticket office?"

"You two kids come to buy air-tickets? Are you gonna travel somewhere?"

"Nope." "We just wanna go up to the Joy Bridge."

"The Joy Bridge?"

...

Of the two children at the airport to buy air-tickets, one is 7 and the other is 8. Beyond their wildest imaginings, after they ran away, their parents were called by some crooks who demanded a ransom to get them back!...

我一定要找到她……
I Really Want to Find Her...

那个女孩太漂亮了,戴伟、杰夫和秋田看到了她的照片,都要去找她!照片是老师死前给他们的,可是照片上的中国女孩在哪儿?他们都不知道。最后,他们到中国是怎么找到那个女孩的?女孩又和他们说了什么?

She is really beautiful. Just one look at her photo and three guys, Dai-wei, Jie-fu and Qiu-tian, are all determined to find her! The photo was given to them by their professor before he died. And nobody knows where in China the girl is. How can the guys find her? And what happens when they finally see her?

我可以请你跳舞吗？
Can I Dance with You?

一个在银行工作的男人，跟他喜欢的女孩子刚认识，可是很多警察来找他，要带他走，因为银行里的一千万块钱不见了，有人说是他拿走的。

但是，拿那些钱的不是他，他知道是谁拿的。可是，他能找到证据吗？这真太难了。还有，以后他还能和那个女孩子见面吗？

A smart young man suddenly gets into big trouble. He just fell in love with a pretty girl, but now the police come and want to arrest him. The bank he works for lost 10 million dollars, and the police list him as a suspect.

Of course he is not the robber! He even knows who did it. But can he find evidence to prove it to the police? It's all just too much. Also, will he be able to see his girlfriend again?

向左向右
Left and Right: The Conjoined Brothers

向左和向右是两个男孩子的名字，爸爸妈妈也不知道向左是哥哥还是向右是哥哥，因为他们连在一起，是一起出生的连体人。他们每天都一起吃，一起住，一起玩。他们常常都很快乐。有时候，弟弟病了，哥哥帮他吃药，弟弟的病就好了。但是，学校上课的时候，他们在一起就不方便了……

Left and Right are two brothers. Even their parents don't know who is older and who is younger, as they are Siamese twins. They must do everything together. They play together, eat together, and sleep together. Most of the time they enjoy their lives and are very happy. When one was sick, the other helped his brother take his medicine and he got better. However, it's no fun anymore when they sit in class together but one brother dislikes the other's subjects...

你最喜欢谁？
—— 中关村的故事之一

Whom Do You Like More?
The First Story from Zhongguancun

谢红去了外国，她是方新真爱的人，可是方新不想去外国，因为他要在中关村做他喜欢的工作。小月每天来看方新，她是真爱方新、也能帮方新的人，可是方新还是想着谢红。方新真不知道应该怎么办……

Xie Hong, Fang Xin's true love, has gone abroad to fulfill her dream. But Fang Xin only wants to stay in Zhongguancun in Beijing doing work that he enjoys. Xiao-yue comes to visit Fang Xin every day. She is the one who really understands Fang Xin. She loves him and can offer him the help that he badly needs. But only Xie Hong is in Fang Xin's mind. What should Fang Xin do? He seems to be losing his way in life...

第 2 级：500 词级
Level 2：500 Word Level

电脑公司的秘密
—— 中关村故事之二

Secrets of a Computer Company
The Second Story from Zhongguancun

方新写了一个很好的软件（ruǎnjiàn: software），没想到这个软件被人盗版（dàobǎn: be pirated）了。做盗版的是谁？他找了很久也没有找到。直到有一天，小月突然发现了这里的秘密（mìmì: secret）。她把这个秘密告诉了方新。但是，就在这个时候，做盗版的人发现了小月，要杀死（shāsǐ: kill）她……

Fang Xin was the developer of a popular software program. But he did not anticipate that the software was soon pirated for sale in large volumes. He had been searching for the pirates for a long time, but did not find them. One day, his wife Xiaoyue overheard a phone conversation in a store. She followed the caller and discovered the pirates. Nevertheless, Xiaoyue didn't think that she was already on the brink of death...

青凤
Green Phoenix

耿（Gěng）家的旧房子很长时间没人住了。不知道为什么，房子的门常常自己开了，又自己关上，看不见有人进去，也没看见有人出来，但是到了晚上，就能听见里面有人说话和唱歌。一天晚上，耿去病（Gěng Qùbìng）看到旧房子的楼上有亮光（liàngguāng: light），他就慢慢地进到房子里，走上楼。他看见那里坐着一个漂亮姑娘，还有她的家人。耿去病很喜欢那个姑娘，他想知道那姑娘是谁，他们从哪里来，为什么住在他家的旧房子里。可是，他怎么也想不到以后出了那些事……

The old house of the Geng family has been uninhabited for years. But recently the doors of the house open and close without anyone going in or out. And at night one can hear people talking and singing inside.

One dark evening, Geng Qubing sees light shining from the attic of the house. He slips into the house, and sees a pretty girl sitting with her family in the attic. Deeply attracted to the girl, Geng Qubing is determined to find out who she is, where her family is from, and why they live in his old house. But what eventually takes place is a shock for him!

如果没有你
If I didn't Have You

黄小明是个小偷（xiǎotōu: pickpocket）。他很会偷（tōu: steal）东西，但是他只偷很有钱的人，钱少的人他不偷，也不让别的小偷偷他们。大学生夏雨（Xià Yǔ）的钱包被偷走了，他帮助夏雨要了回来；有个小偷偷了一位老奶奶的钱包（qiánbāo: wallet），他把钱包从那个小偷那里偷回来，送回到老奶奶的衣服里……

黄小明爱上了夏雨。有一次，黄小明偷了一个特别有钱的人。

可是,这个钱包给他带来了大麻烦!黄小明不知道应该怎么办,夏雨帮助了他。

可是,小偷黄小明能得到大学生夏雨的爱吗?

Xiaoming is a pickpocket. He is really good at stealing. But he only steals from rich people. He never touches those who are poor, and doesn't let other thieves steal from poor people either.

Xia Yu is a college freshman. She lost her purse at a railway station. Xiaoming got the purse back for her from the thief. Another time, a thief stole an old woman's wallet on a bus. Xiaoming stole the wallet back from the thief and put into the lady's jacket unobserved. More surprisingly, when Xiaoming is falling in love with Xia Yu, he lands into a big trouble after stealing a wallet from a very rich man.

Will Xiaoming the pickpocket win the love of Xia Yu, a pretty college student?

妈妈和儿子
Mother and Son

十几岁的儿子因为不快乐,离开了家,不知道去了哪里。妈妈找了很多地方,都没有找到他。为了等儿子回来,妈妈不出去见朋友,不去唱歌、跳舞,不去饭店吃饭,不出去旅行,不换住的房子,也不改电话号码。她就这样每天在家里等着儿子,等了一年又一年……

后来,儿子想妈妈了,他回来了。可是,家里的妈妈呢?妈妈在哪儿?!

A teenage boy left home because he thought he was unhappy. Nobody knew where he went. His mother was looking for him all around, but she did not find him. To wait for her son's coming back, she never went out with friends, never ate out, and never traveled away. She did not accept a great offer for relocating her home, or even changing her home phone number. She just stayed at home and waited for her son. She waited and waited for years.

One day, the son came back, missing his mother. However, the mother was not at home anymore...

出事以后
After the Accident

一个冬天的晚上,女老师在路上骑着自行车,她要回家,却突然倒 (dǎo: fall) 在了一辆汽车前面。开车的人马上停车,把女老师送到了附近的医院,拿出一些钱,请医生给女老师看病。

"病人叫什么名字?""她怎么了?""你是她的家人吧?"……医生有很多问题,可是开车的人什么也不回答,很快就走了。

但是,医生最后还是找到了他,女老师也找到了他。

One winter night, a teacher was on her way home. Suddenly she fell down from her bicycle in front of a car. The driver stopped his car right away and brought the teacher to a hospital nearby.

"The patient's name, please?" "What's the problem?" "How long has it been?" "Are you her relative?"... The nurse asked quite a few questions. But the driver answered nothing except leaving some money on the desk. He then quickly disappeared.

In the end, however, the hosptial found him, and the teacher saw the driver as well.